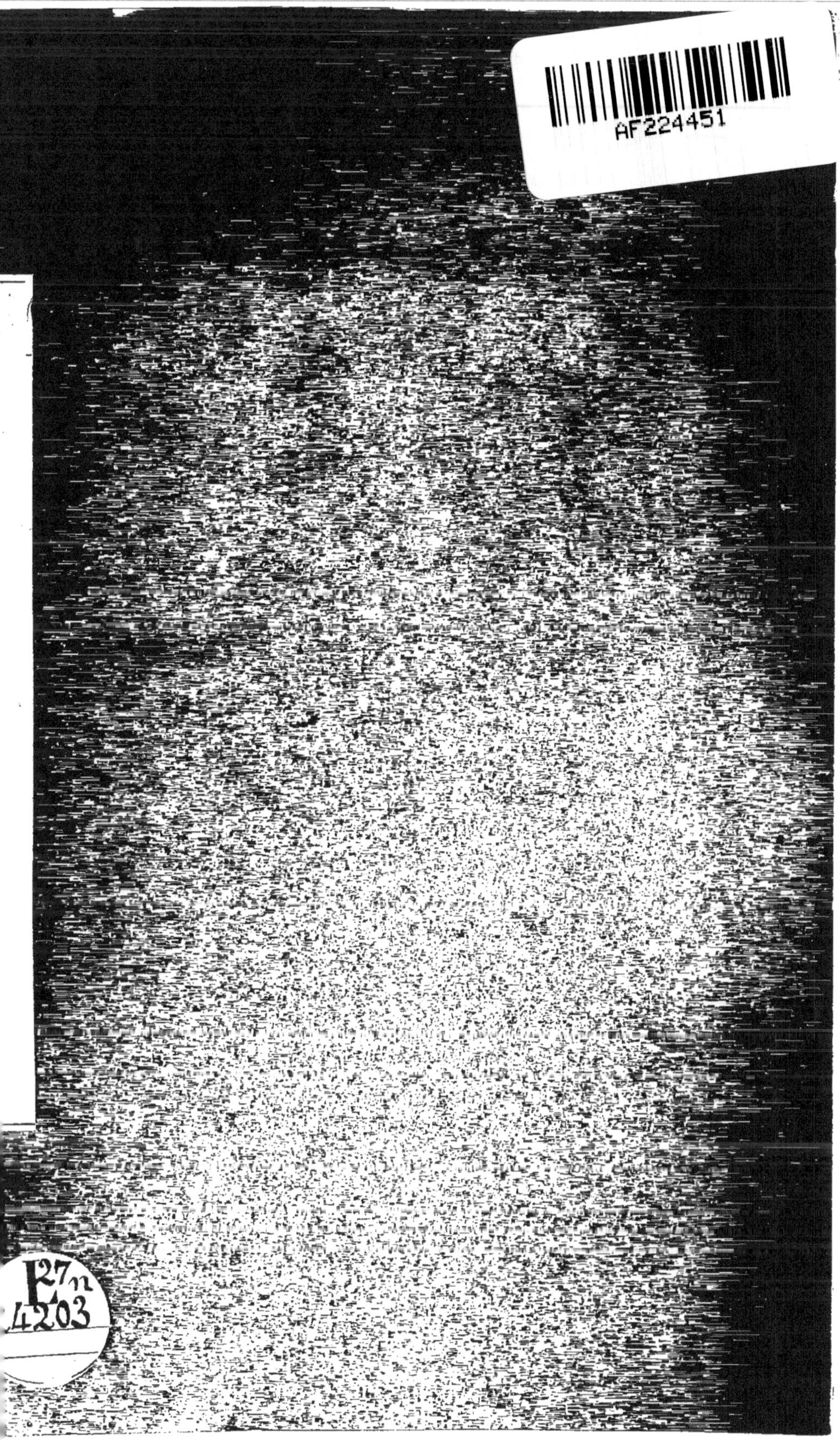

INJUSTE ET ILLÉGALE RÉVOCATION

DU 23 MAI 1865

A ESPIRA-DE-L'AGLY

(Pyrénées-Orientales)

SUITE DE L'HISTOIRE DES FAITS ACCOMPLIS

> Les condamnés sans interrogatoire, sans défense valable et en forme, sont toujours innocents aux yeux de la loi : voilà le droit.
>
> (SIMON DIDIER.)

> Selon que vous serez puissant ou misérable,
> Les jugements de cour vous rendront blanc ou noir.
>
> (LAFONTAINE.)

TOULOUSE

TYPOGRAPHIE L. HÉBRAIL, DURAND ET Cⁱᵉ

5, RUE DE LA POMME, 5

1868

INJUSTE ET ILLÉGALE RÉVOCATION

Le 24 mars 1865, le sieur Pacuill (Pierre-Louis), ancien militaire, garde champêtre de la commune d'Espira-de-l'Agly, à cette époque-là eut l'honneur de recevoir de la Préfecture, par l'entremise de M. le Maire de cette commune, la lettre suivante :

« Perpignan, le 17 mars 1865.

« PRÉFECTURE DES PYRÉNÉES-ORIENTALES. — *Cabinet du Préfet*. — N° 1212. *Gardes champêtres.* — *Personnel.* — *Espira-de-l'Agly.*

« MONSIEUR,

« Le 16 de ce mois, vous m'avez entretenu des bruits répandus dans la « commune d'Espira de l'Agly, touchant votre destitution.

« J'ignore complétement quel fondement peuvent avoir ces bruits. Au « surplus, à moins de faits graves et sûrement constatés, les agents de l'ad- « ministration ne sont pas révoqués avant d'avoir été mis à même de « fournir leurs explications.

« Agréez, Monsieur, l'assurance de ma considération distinguée.

« Pour le Préfet en congé :

« *Le secrétaire général délégué,*
« J. BARAGNON.

« Monsieur Pacuill, garde champêtre à Espira-de-l'Agly. »

Contrairement à l'aveu formel et légal de M. Baragnon, M. le préfet A.-L. de Saint-Pierre a révoqué le sieur Pacuill avant de l'avoir entendu, sans qu'il lui ait demandé aucune *explication* ni avant ni après sa révocation, et sans que les *faits* que M le Maire d'Espira-de-l'Agly a fait valoir pour provoquer sa révocation aient été *constatés* par personne, qui, du reste, ne pouvaient et ne pourront être jamais constatés parce qu'ils sont tous faux, et qu'ils n'ont été inventés que par l'esprit de haine et de vengeance de M. le Maire de ladite commune d'Espira-de-l'Agly, ce que le sieur Pacuill va prouver par sa réponse à M. le Maire :

RÉPONSE

Du sieur PACUILL (Pierre-Louis)

A M. Philippe DUVERNEY

MAIRE DE LA COMMUNE D'ESPIRA - DE - L'AGLY

> « Malheur à vous, scribes et pharisiens hypocrites,
> « parce que vous êtes semblables à des sépulcres blan-
> « chis, qui au dehors paraissent beaux aux yeux des
> « hommes, mais qui au dedans sont pleins d'ossements
> « de morts et de toute sorte de pourriture. »
>
> (Saint Mathieu, ch. XXIII, v. 27.)

> « On se servira envers vous de la même mesure dont
> « vous vous serez servi pour les autres. »
>
> (Saint Marc, ch. IV, v. 24.)

> « La raison du plus fort est toujours la meilleure ;
> « Nous l'allons montrer tout à l'heure. »
>
> (Lafontaine.)

MONSIEUR LE MAIRE,

Lors de ma révocation injuste et illégale, vous avez provoqué de moi une réponse, à laquelle sans doute vous ne vous attendiez pas. Néanmoins, permettez-moi de vous l'adresser en même temps que je l'adresse à l'opinion publique, sans en exclure vos meilleurs amis, vos plus grands protecteurs.

Permettez-moi aussi de vous dire, M. le Maire, qu'en vous adressant cette réponse, je ne fais que continuer d'exercer le même droit qu'a le petit oiseau de se plaindre en vain, lorsqu'il pousse un dernier cri en expirant sous les griffes de l'impitoyable et très vorace vautour.

Or, dans la crainte de vous ennuyer, M. le Maire, je ne

mettrai sous vos yeux que le résumé des faits incontestables que j'ai déjà exposé à M. le Préfet et à Son Excellence M. le Ministre, ainsi qu'à M. le Président du Conseil général des Pyrénées-Orientales, à la date du 10 août 1867. Ces faits, M. le Maire, vous les connaissez déjà tous, puisque vous en êtes incontestablement l'auteur. Ma réponse ne vous apprendra donc rien de nouveau.

La voici :

Considérant que le 23 mai 1865, M. le Préfet des Pyrénées-Orientales a injustement et illégalement révoqué le soussigné de ses fonctions de garde champêtre de la commune d'Espira-de-l'Agly, et que M. Philippe Duverney, maire de cette commune, a provoqué cette révocation par les plus noires faussetés et les plus infâmes calomnies, ce que le soussigné a déjà exposé à M. le Préfet et à Son Excellence M. le Ministre, et ce que M. le Maire n'a jamais démenti et ne le pourra démentir jamais ;

Considérant que M. le Préfet a révoqué le soussigné sans lui intimer l'ordre d'avoir à rendre sa *commission*, que le soussigné conserve encore entre ses mains, ce qui prouve que M. le Préfet a injustement et illégalement révoqué le soussigné ;

Considérant que M. le Préfet a révoqué le soussigné avant de l'avoir entendu, sans qu'il lui ait demandé aucune *explication* ni avant ni après sa révocation, et sans que les *faits* que M. le Maire a fait valoir pour provoquer sa révocation aient été *constatés* par personne : ce qui prouve encore que M. le Préfet a injustement et illégalement révoqué le soussigné ;

Considérant que M. le Préfet accuse le soussigné d'avoir *négligé complétement son service*, et qu'au lieu de l'avoir *négligé complétement* il l'a fait exactement, vu que dans le délai de onze mois il a saisi trente-six MARAUDEURS, dont un onze fois, et dont il peut, au besoin, citer tous les noms, ce qui prouve que *les renseignements* que M. le Maire a fournis à M. le Préfet contre le soussigné, et que M. le Préfet donne pour *certains*, sont faux, complétement faux, vu que dans tout ce que dit M. le Préfet contre le soussigné, dans la révocation de celui-ci, il n'y a pas un mot de vrai ;

Considérant que *les observations réitérées et bienveillantes de l'autorité municipale* dont parle M. le Préfet dans la révocation du soussigné n'ont été faites que dans l'imagination de M. le Maire d'Espira-de-l'Agly, et que M. le Préfet n'a jamais prouvé et ne prouvera jamais le contraire : qu'il est partant avéré que M. le Préfet a été indignement et complétement trompé par *la lettre du maire de cette commune, en date du 20 de ce mois de mai 1865* :

Considérant que le soussigné n'a jamais reçu de M. le Préfet aucun *ordre d'avoir à donner sa démission*, que M. le Préfet ne lui en a jamais envoyé aucun, et que M. le Maire ne lui en a jamais lu ni transmis aucun de la part de M. le Préfet : qu'il est par conséquent faux que le soussigné ait *refusé de donner sa démission par ordre de M. le Préfet* .

Considérant que le premier *considérant* de la révocation du sous-siigné porte « que l'incurie du sieur Pacuill cause un grave pré- « judice aux propriétaires de la commune d'Espira-de-l'Agly, » et que cette accusation est également fausse comme toutes les autres, dont l'ensemble n'est qu'un tissu de faits controuvés et d'assertions mensongères, de calomnies et de diffamations contre lesquelles le soussigné a déjà protesté plusieurs fois, mais en vain, car il ne lui a jamais été possible d'obtenir justice :

Considérant que le deuxième et dernier *considérant* de la révo-cation du soussigné porte « que le sieur Pacuill refuse de résilier « ses fonctions, » et que M. le Préfet pas plus que M. le Maire ne lui ont jamais dit de les *résilier ;*

Considérant que le 6 juin 1865, le soussigné a fait appel de sa révocation à M. le Préfet, et que M. le Préfet ne lui a jamais répondu :

Considérant que le 22 août de la même année, le soussigné a eu l'honneur d'adresser une supplique à l'Empereur, et que Sa Majesté a bien voulu lui faire adresser la lettre suivante :

« Cabinet de l'Empereur.

« Le chef du Cabinet de l'Empereur a l'honneur de vous informer « que, par ordre de Sa Majesté, votre demande au sujet de votre « révocation, dont le Cabinet est maintenant entièrement déssaisi, « a été transmise à l'examen de M. le Ministre de l'Intérieur.

« Toutes pièces ou réclamations doivent être adressée désormais « à Son Excellence.

« Palais des Tuileries, le 30 août 1865.

« M. Pacuill. »

Encouragé par cette lettre d'un si grand prix, le 5 septembre de la même année, le soussigné a eu l'honneur d'adresser une demande, au sujet de sa révocation, à Son Excellence M. le Ministre de l'Intérieur ; mais il n'en a pas reçu de réponse directement ni indirectement.

Considérant que le 20 septembre de la même année, le soussigné a eu aussi l'honneur de demander à Son Excellence de vouloir bien ordonner une enquête dans la commune d'Espira-de-l'Agly, afin que, par ce moyen, M. le Préfet pût découvrir lequel des deux, du soussigné ou de M. le Maire, était le coupable, et que cette enquête a été faite clandestinement, sans que le soussigné en ait reçu aucun avis ni avant ni après, et sans que les propriétaires de ladite commune aient été mis à même de se prononcer pour ou contre le soussigné ;

Considérant que cette enquête n'a été faite clandestinement que dans le but de sacrifier la vérité au mensonge, c'est-à-dire le soussigné à la haine implacable et vindicative de M. le Maire contre lui, et pour mieux tromper ainsi une seconde fois la confiance et la bonne foi de M. le Préfet ;

Considérant que le 12 juin 1865, et quelques jours après, le 18 du même mois de la même année aussi, M. le Maire d'Espira-de-l'Agly a exercé des menaces d'intimidation contre le soussigné, en présence de son secrétaire, dans la mairie de cette commune, et que M. le Maire a indignement abusé par là de son autorité ;

Considérant que le 16 juillet de la même année, dans la mairie d'Espira-de-l'Agly, en présence du Conseil municipal assemblé, M. le Maire de cette commune a menacé avec colère le soussigné de le jeter contre le mur, et que M. le Maire a indignement abusé aussi par là de son autorité :

Considérant que le 30 juillet de la même année, M. le Maire a fait menacer le soussigné par M. le Procureur impérial de le traduire en justice, s'il continuait *d'écrire* contre lui à Son Excellence M. le Ministre et à Sa Masjesté l'Empereur, et que M. le Maire a indignement abusé aussi par là de son autorité une quatrième fois contre le soussigné ;

Considérant que toutes ces menaces ont été exercées impunément par M. le Maire contre le soussigné, et qu'il ne les a exercées contre lui que dans le but de l'intimider, afin de l'empêcher par là de se plaindre contre lui à l'autorité supérieure ;

Considérant que M. le Maire n'a fait révoquer le soussigné que pour se venger de ce que celui-ci avait traduit malgré lui en justice un MARAUDEUR, le nommé Fabre (Jean), dit Micou, boucher de ladite commune d'Espira-de-l'Agly, qui, le 1er novembre 1864, était venu avec son père et sa mère l'assassiner dans son logement, pour se venger de ce que le soussigné l'avait saisi neuf fois dans le délai de quatre mois. (Pour se convaincre de tout cela, il n'y a qu'à interroger le jugement rendu par le tribunal de Perpignan, le 24 décembre 1864.)

Considérant qu'au lieu de soutenir et d'appuyer le soussigné dans ses fonctions de garde champêtre, M. le Maire a soutenu et appuyé par son étrange conduite ledit Fabre (Jean), que le soussigné a saisi onze fois dans le délai de onze mois ;

Considérant que le 29 mai 1865, M. le Maire écrivit une lettre à M. Foissin, commissaire de police à Rivesaltes (actuellement juge de paix à Saillagouse), par laquelle M. le Maire d'Espira-de-l'Agly avait défendu à M. le commissaire *d'accepter les rapports* du soussigné, et que c'est par là que M. le Maire a empêché le soussigné de faire dresser procès-verbal contre ledit Fabre (Jean), au moment même où le soussigné venait de le saisir pour la onzième fois dans le délai de onze mois, et pour la deuxième fois dans le délai de deux jours, dans un champ de fourrage en vert de M. Talayrac. C'est donc clairement prouvé que M. le Maire soutenait et appuyait ce MARAUDEUR, au lieu de soutenir et d'appuyer le soussigné dans ses fonctions de garde champêtre ;

(Mais M. Talayrac, l'un des plus forts propriétaires d'Espira-de-l'Agly, sera-t-il content de ce que M. le Maire a empêché le garde champêtre soussigné de faire dresser procès-verbal contre ledit Fabre (Jean), que le soussigné a saisi deux fois paissant son troupeau, le 26 et le 28 mai 1865, dans ledit champ de fourrage en vert ?.. Pour plus d'explications au sujet de ces deux saisies, et pour savoir en mêmt temps si M. le Maire a tort ou raison, que M. Talayrac veuille interroger le *mémoire* que le soussigné a adressé à M. le Préfet, le 4 avril 1866.)

Considérant que le 10 janvier 1866, le soussigné a eu l'honneur d'adresser un exposé de tous les faits touchant sa révocation à Son Excellence M. le Ministre présidant le Conseil d'Etat, et que cet exposé a été *renvoyé à Son Excellence M. le Ministre de l'intérieur, par ordre de M. le Conseiller d'Etat, président de la commission des pétitions*, ainsi que par sa lettre N° 36, en date du 20 du même mois de la même année, M. le Conseiller d'Etat a daigné l'apprendre au soussigné ;

Considérant que le 8 février et le 4 mars 1866, d'après l'*avis* de M. le Conseiller d'État, Président de la Commission des pétitions, le soussigné a eu l'honneur d'adresser ses réclamations, au sujet de sa révocation, à Son Excellence M. le Ministre de l'intérieur, mais il n'en a point reçu de réponse directement ni indirectement :

Considérant que le soussigné comprend parfaitement que M. Lapaine, notre nouveau préfet, ne veuille point se mêler d'une affaire à laquelle il est complétement étranger, et de laquelle il rend par là même responsable M. Baragnon, son secrétaire général :

Considérant que M. Baragnon est seul chargé par conséquent de répondre à toutes les pièces qui arrivent à la Préfecture, touchant la révocation du soussigné, et que celui-ci n'a jamais reçu communication de celles que Sa Majesté l'Empereur et Son Excellence M. le Ministre ont envoyées à M. A.-L. de Saint-Pierre, notre ancien Préfet, et que M. Baragnon ne répondrait pas plus aux demandes que le soussigné pourrait lui adresser, vu qu'il n'a pas voulu répondre à celle du 3 juillet 1866 à M. Lapaine, et qui lui a été transmise par un employé du cabinet que le soussigné n'a pas l'honneur de connaître :

Considérant que les faits que le soussigné a exposés à M. le Préfet et à Son Excellence M. le Ministre contre M. le Maire d'Espira-de-l'Agly, n'ont subi aucune contestation ni de la part de M. le Maire, ni de la part de M. le Préfet, ce qui prouve que M. le Maire est par conséquent coupable ; ce qui prouve encore que M. le Préfet a injustement et illégalement révoqué le soussigné :

Considérant que le 4 avril 1866 le soussigné a eu l'honneur d'adresser à M. Lapaine, notre nouveau Préfet, le même exposé qu'il avait adressé, le 10 janvier de la même année, à Son Excellence M. le Ministre présidant le Conseil d'État, et qu'à la suite d'une supplique qu'il avait adressée à Sa Majesté l'Empereur, en date du

22 avril de la même année, **M. Baragnon** a daigné, en l'absence de M. le Préfet, écrire au soussigné la lettre suivante :

« Perpignan, le 7 mai 1866.

« PRÉFECTURE DES PYRÉNÉES-ORIENTALES. — *Cabinet du Préfet.* — Nº 708.

« MONSIEUR,

« J'ai pris connaissance du mémoire que vous m'avez adressé, à la date du « 4 avril dernier, ainsi que de votre lettre du 16 du même mois.

« La mesure prise à votre égard par mon prédécesseur est aujourd'hui un « fait accompli, sur lequel il ne m'est pas donné de revenir ; au surplus, la « position difficile résultant pour vous de votre antagonisme contre **M. le** « Maire d'Espira-de-l'Agly suffirait déjà, ce me semble, pour vous faire re-« noncer à reprendre dans cette commune vos anciennes fonctions.

« Je vous engage donc à faire des démarches à l'effet d'obtenir un emploi de « garde champêtre dans toute autre commune du département ; j'accueillerai « favorablement les propositions qui me seraient faites à votre sujet par le « maire de n'importe quelle localité.

« Agréez, Monsieur, l'assurance de ma considération.

« Pour le Préfet en tournée :

« *Le secrétaire général,*
« J. BARAGNON. »

Considérant que cette lettre est la condamnation de la révocation du soussigné, et qu'elle est en même temps la confirmation de tous ses droits de garde champêtre d'Espira-de-l'Agly, vu que M. Baragnon ne lui conteste aucun de ses droits, mais qu'au contraire, il lui propose de *renoncer à reprendre ses anciennes fonctions de garde champêtre de cette commune*, ce qui prouve qu'il en a été injustement et illégalement révoqué :

Considérant que M. Baragnon ne propose au soussigné de *renoncer à reprendre ses anciennes fonctions* que parce qu'il sait qu'il en a été injustement révoqué ; car, autrement, la proposition de M. Baragnon serait une absurdité, vu que le soussigné ne peut *renoncer* qu'à ce qui lui appartient, ainsi que M. Baragnon le comprend si bien lui-même :

Considérant que M. Baragnon reconnaît que M. le Maire a fait injustement et illégalement révoquer le soussigné, et que, malgré cela, au lieu de le réintégrer dans *ses anciennes fonctions* de garde champêtre d'Espira-de-l'Agly, M. Baragnon *l'engage à faire des démarches à l'effet d'obtenir un emploi de garde champêtre dans toute autre commune du département,* ce qui prouve que M. Baragnon sait parfaitement bien que M. le Préfet l'a injustement et illégalement révoqué :

Considérant, d'ailleurs, que M. le Maire d'Espira-de-l'Agly avait déjà dit et répété au soussigné, en présence de son Secrétaire, dans la Mairie de cette commune, qu'il *s'opposerait partout* à ce que le soussigné pût obtenir un emploi de garde champêtre ; qu'il l'empêcherait aussi d'obtenir un tout autre emploi, et que M. le Maire l'a déjà empêché, en effet, par les mauvais renseignements qu'il a fournis contre lui à M. le Maire de Banyuls-dels-Aspres, d'être nommé garde champêtre de cette commune :

Considérant, en outre, que M. Baragnon ne conteste aucun des faits que le soussigné a exposés à M. le Préfet contre M. le Maire, qu'il les passe tous sous silence, comme il passe aussi sous silence les réfutations de la révocation du soussigné, ce qui prouve que le soussigné n'a exposé contre M. le Maire que des faits incontestables, et que les réfutations de la révocation du soussigné sont incontestables aussi :

Vu ce dernier considérant, il est par conséquent doublement méritoire pour le soussigné de pardonner M. le Maire, et de le pardonner surtout comme le Sauveur du monde pardonne à ceux qui l'ont crucifié, en adressant à Dieu ces paroles de grâce et d'oubli : « Mon Père, pardonnez-leur, car ils ne savent ce qu'ils font ni ce qu'ils disent. »

Considérant que la *position difficile* dont parle M. Baragnon ne *résulte* point pour le soussigné de son *antagonisme contre M. le Maire d'Espira-de-l'Agly,* mais qu'au contraire, elle *résulte* pour le soussigné de l'esprit de haine et de vengeance de M. le Maire de cette commune, ainsi que le soussigné l'a clairement prouvé dans son Exposé du 10 janvier 1866 à Son Excellence M. le Ministre présidant le Conseil d'État, ainsi qu'il l'a clairement prouvé aussi dans le même Exposé qu'il a adressé à M. le Préfet, le 4 avril de la même année.

En conséquence de tout ce qui précède, le soussigné en appelle au bon sens et à l'impartialité de tous les propriétaires de la commune d'Espira-de-l'Agly, attendu qu'ils n'ont cessé de lui prodiguer toute sorte d'égards et de félicitations pour sa bonne conduite ainsi que pour l'exactitude avec laquelle il a fait son service de garde champêtre de leur commune pendant onze mois, et qu'ils ont vu aussi avec une juste indignation l'injustice dont il est la victime depuis le 23 mai 1865.

Le soussigné ose donc espérer qu'ils daigneront demander à M. le Préfet de vouloir bien le réintégrer dans *ses anciennes fonctions* de garde champêtre de leur commune, vu que M. le Préfet ne lui fait aucun reproche, et qu'il ne lui conteste aucun de ses droits de garde champêtre de la commune d'Espira-de-l'Agly.

Dans cet espoir, il a l'honneur d'être, avec le plus profond respect, de tous les propriétaires de la commune d'Espira-de-l'Agly, ainsi que de M. le Maire, quand bien même il ne le voudrait pas, le très humble, très reconnaissant et dévoué serviteur,

PACUILL.

Rivesaltes, le 4 septembre 1867.

Post-Scriptum. — Pour plus de détails et pour plus d'explications, ainsi que pour tant d'autres faits et preuves, veuillez, Monsieur le Maire, recourir au *Mémoire* que j'ai adressé à M. le Préfet, le 4 avril 1866. Ou bien, si vous m'en faites la demande, je vous en enverrai un exemplaire que je conserve comme un monument élevé en votre honneur, et que je considère aussi, par conséquent, digne d'être inséré dans votre histoire et dans celle des *faits accomplis.*

En terminant ma réponse, Monsieur le Maire, j'allais oublier de vous rappeler qu'en me faisant injustement et illégalement révoquer, vous vous êtes rendu responsable de mon traitement de garde champêtre, soit 500 francs par an à partir du 1er juin 1865. C'est donc uniquement sur vous, Monsieur le Maire, que pèse cette responsabilité, par le seul fait de ma révocation.

N'attendez pas que le *surgite mortui venite ad judicium* retentisse à vos oreilles pour me payer : car alors vous ne serez tenu de régler d'autre compte que celui de votre conduite, et vous serez forcé de le solder, quand bien même vous n'auriez pas un centime dans votre bourse. Il est vrai, qu'en présence du Juge des juges, du Roi des rois, il ne vous sera pas permis de solder votre compte avec de l'or ou de l'argent, mais seulement avec de bonnes œuvres. Dieu veuille que vous n'en soyez pas entièrement dépourvu ; car chacun aura besoin pour lui de celles qu'il aura faites, et il ne vous sera point permis, par conséquent, d'emprunter à votre créancier pour balancer votre compte. Et quand même il vous serait permis de le faire, vous seriez obligé, sous peine de passer pour un mauvais teneur de livres et pour un homme de mauvaise foi, de porter au crédit de votre créancier la somme que vous lui auriez empruntée, et de vous déclarer par conséquent son débiteur, en écrivant à votre débit, en toutes lettres, après la balance : débiteur à nouveau.

Commencez donc par me solder les deux termes échus, soit mille francs, et payez-moi, surtout dans votre intérêt, avant qu'arrive le jour où il sera dit aux méchants, aux persécuteurs de gardes champêtres et aux provocateurs de révocations injustes et illégales : « Retirez-vous de moi, maudits, allez au feu éternel qui « a été préparé pour le diable et pour ses anges. — Ce sera là qu'il « y aura des pleurs et des grincements de dents. — Là où il y a un « feu qui brûle éternellement, où le ver qui ronge ne meurt point, « et où le feu ne s'éteint jamais. » (Saint Matthieu. ch. XXV et XXIII, v. 41 et 42. — Saint Marc, ch. IX, v. 42, 43 et suivants). Là, Monsieur le Maire, il ne vous sera pas permis, pour vous disculper, de faire signer clandestinement une nouvelle enquête. Mais j'aime à croire que vous êtes encore jeune, qu'il vous sera donné de faire pénitence de tous vos péchés, et que, par conséquent, Dieu aura pitié de vous. Ainsi soit-il.

M. le comte Hallez-Claparède, député au Corps législatif, a daigné m'écrire la lettre suivante, par laquelle il a bien voulu aussi m'accuser réception des faits qu'on vient de lire :

« Monsieur PACULL,

« J'ai reçu et votre lettre de ce matin et le mémoire que vous avez bien

« voulu m'adresser il y a quelques jours. — Si je puis faire usage des faits
« que vous me signalez, je n'y manquerai. L'abus qui naît de l'exagération
« des pouvoirs des Préfets est général, et je suis plus convaincu que jamais
« de la nécessité d'y mettre un terme.

« Agréez, Monsieur, l'assurance de ma parfaite considération.

« Comte **HALLEZ-CLAPARÈDE**.

« Paris, 19 février 1867. »

Voilà, Monsieur le Maire, avec toute sa simplicité, le résumé
extrait du dossier complet de cette affaire. J'ose espérer, Monsieur
le Maire, que vous daignerez m'en accuser réception.

Toulouse, typ. L. Hébrail, Durand et Cⁱᵉ, rue de la Pomme, 3.

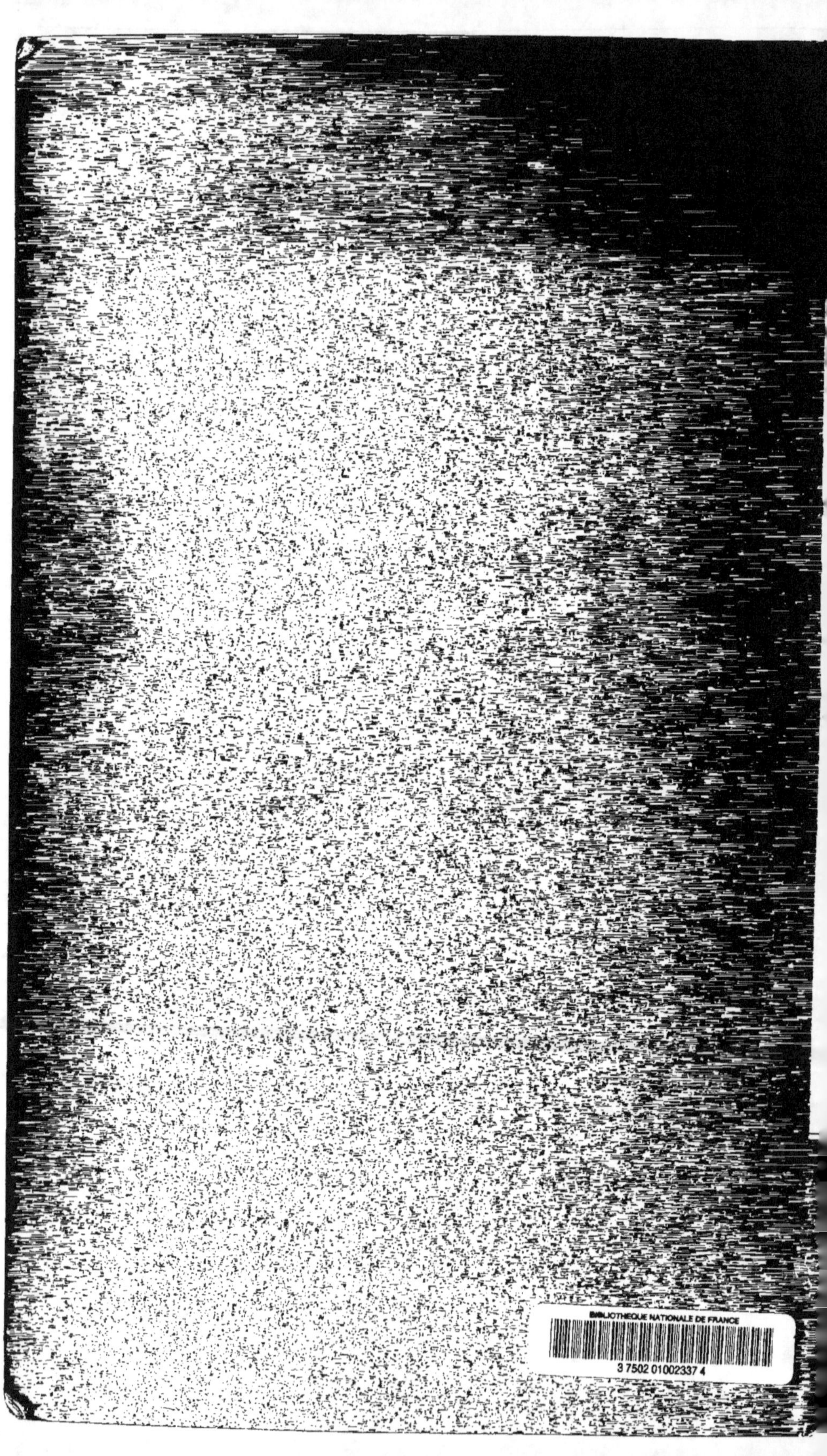